心灵访谈

达尔文说

彼得·J. 鲍勒　著

理查德·道金斯　序

张　波　译

商务印书馆
创于1897 The Commercial Press

2013年·北京

目　录

序

理查德·道金斯

如果有来自其他星系的高等生物前来拜访我们——如果想要到达这里的话，他们必须是超群的，他们会怎样看待达尔文的遗产呢？我们的客人会把另一个达尔文尊为他们有史以来最伟大的思想家之一吗？

在我阅读达尔文的著作时，我一直为他所发出的如此现代感的声音而惊叹，虽然考虑到他在遗传学所有的重要问题上犯了那么大的错误，但其他的

一切几乎都是正确的，这又显示出他不可思议的天赋。他的成就，如同爱因斯坦的一样，是永恒的、共享的。达尔文的问题具有普遍性，有生命的地方就不会否认这一点。最需要解释的生命物质的特点是：它们在发展方向上复杂得难以想象，以至于传递出来的是一种刻意设计出来的极大错觉。

达尔文的问题，确切地说是达尔文很多问题中最根本和最重要的，在于如此复杂的“设计”是如何产生的？这个问题是由历史上任何时期及天地间的所有生物引发的。达尔文对于这个难解之谜给出的答案——通过随机性遗传变化的非随机性存活而累积进化是否具有普遍性，这一点还不甚明了。乍一看，达尔文的答案从狭义上来说是有效的，只是针对恰好生存于宇宙森林中我们自己这一小块空地

上的生命而言的。我的观点是，达尔文答案的总的形式不只是偶然对于我们这种生命是真实可信的，它对于宇宙间的所有生命来说也是适用的，对此，我也曾在其他地方论证过。在这里，此时让我毫不过分地说，最起码，达尔文在获得不朽的名望方面非常接近爱因斯坦。在这个世界上，达尔文的确非常重要。

导言

达尔文一直都是最有争议的科学家之一，他提出了一套环环相扣的新方法，来研究我们所生活的世界是如何呈现出现在的特征的。在1859年出版的《物种起源》一书中，他劝告科学家们，必须认真看待所有生物都是通过自然原因从以前存在的生物类型进化而来的断言。此外，达尔文辩称，在生命的历史中，没有内置的、既定的进化方向，而且为了强调这一点，他提出了自然选择机制——生物群体按照尝试和犯错的机制发生变化。微小而没有方向性的蜕变受到环境的考验，那些不具备适应性优势的被淘汰出局。生命是一个永无止境的竞争过程，只有更好地适应本地环境才能在这个过程中生存并繁育。

很多人发现这些观念很难接受，如今仍然遭到很多人的反对。这个理论宣称，《创世纪》的故事，以及关于一位仁慈而有智慧的造物主的全部观点，已经过时了，这里似乎未给予不朽的灵魂或超然的道德观念一席之地——人类就是动物，不过他们是高智能、高度社会化的动物。一些宗教思想家已经顺应了进化论的基本观点，认为进化的过程被嵌入了一个神圣的目的，然而，这似乎正是自然选择所

否认的。从古老迷信的桎梏中解放出来，唯物主义者和无神论者对此表示欢迎，但一些宗教信徒则指责达尔文在教唆我们行为举止像动物一样，从而削弱了社会的道德基础。

然而，达尔文并不符合传统的革命者形象，在环游世界的航行之后，他安顿下来潜心研究鸽子、藤壶、植物和蚯蚓。作为一个顾家的男人，他患有慢性病，从不参与公共辩论，他之所以成为一名革命者，是因为他致力于发现建立在经验观测值基础上的理论含义，当清楚地看到有关神创论和人性的传统观念受到威胁的时候，他也不会转变方向，我们仍然接受（并争论着）这种担当的结果。在以下的谈话中，我们将看到达尔文自己如何看待他的人生以及成就。

查尔斯·达尔文的一生

（1809—1882）

查尔斯·达尔文于1882年4月19日逝世，并于一周后葬于威斯敏斯特大教堂。他的家人想举办一个私人葬礼，然而，科研机构却想把他尊为当代文化中日益增长的科学力量的象征。他让生命科学产生了革命性的变化，几乎改变了每个人对于世界和人性的思考方式。举办隆重而公开的葬礼不仅能引起世界对于达尔文，而且还有对于科学本身的关注。约翰·卢伯克爵士（他把科学家与银行家的职业生涯相结合，开创了银行假日）和托马斯·亨利·赫胥黎以及其他领导推广达尔文理论的科学家一起，负责筹办此事。这个葬礼是一件盛事，卢伯克、赫胥黎以及其他知名人士都前来为达尔文扶棺护柩。

达尔文应该被葬在大教堂，这象征着公众的态度发生了重大的转变。长眠于此的是一位摒弃了基督教，并且被羞辱为削弱所有宗教信仰的理论的鼻祖。然而，在《物种起源》引发辩论的二十年之后，他刚一逝世就受到当时科学界和社会机构的精英的尊敬，一位受到如此诋毁——而且仍在被现代神创论者所诋毁的人，是如何获得这种认知度的呢？

达尔文的成就是由两种非常不同的创新观点来界定的，他使每一个人确信，进化是新的生命

形式如何出现的最好解释。然而，他也提出了一个理论来解释进化是如何进行的，这是一个否认自然界中存在任何目的性的理论。自然选择是一个相当激进的观点，与他同时代的大多数人都不能接受，他们宁愿相信，进化是朝着人类的方向稳步向上发展的。达尔文是作为一名勇于探索的英雄而下葬的，因为他的理论得到净化处理，使之能被公众所接受。

直至今天，大多数人仍然认为进化是一个渐进的、有目的性的过程。然而，在达尔文体系中，进化并不是一个通向人类的发展阶梯，它是一棵长满枝桠的树，人类只是其中一个分支的顶尖。促使枝杈分离的过程就是自然选择，它挑选出那些为数不多的个体，它们发生了某种程度的改变

（我们应该说成发生突变），这种改变赋予他们应对新环境的优势，所有其他的都在残酷无情的生存竞争中被淘汰。

自然选择并非是人们所能想象的那种过程——一位智慧而仁慈的上帝来构建创造新的物种。保守的基督徒仍然反对这个观点，理由是不朽的灵魂不能由“消亡的野兽”的心智进化而来。但是，截至达尔文发表了《物种起源》，渐进性进化不再是完全令人震惊的观点，在更为开明的中产阶级中间，态度正在发生着改变。在十八世纪九十年代，达尔文的祖父伊拉兹马斯·达尔文在他的《动物法则》一书中支持物种蜕变（我们现在称为进化）的观点，法国生物学家拉马克由于提出了同样的观点而声名狼藉。1844年，爱丁堡的发行人罗伯特·钱伯斯凭

借他的进化史诗《创造的自然史之残迹》造成轰动，尽管受到了保守派的谴责，科学家、神职人员和广大读者还是对这本书仍进行了广泛的讨论。直到十九世纪五十年代，进化论的基本观点好像开始对持有较开明观点的那些人降低了威胁性，中产阶级需要一种社会进步的思想体系，因此，自然通过渐进性进化创造了人类的观点似乎完全合乎情理。

达尔文本人在《物种起源》的结尾段落发掘了这种进步的思想，然而，恰恰是他关于进化如何发生作用的理论是有争议的，因为这个理论排除了目的性目标这个观点。其实，只是在二十世纪，与新的遗传科学相联系之后，自然选择才成为进化生物学的主导理论。今天，达尔文作为进化论的奠基人和对进化如何发生作出最强有力解释的第一人而受到赞美（和声讨）。然而，在评价达尔文生平的时候，我们必须牢记，他在离世时知道自己在争取进化过程被接受的努力中，仅仅获得了部分成功。

查尔斯·罗伯特·达尔文于1809年2月12日出生于什鲁斯伯里，其父名为罗伯特·华林·达尔文。罗伯特像他的父亲伊拉兹马斯·达尔文一样，是一位富有而受人尊敬的医生，他还积极参与本地区的金融事务。他与苏珊娜·韦奇伍德结婚，苏珊娜的父亲乔西亚拥有以他的名字命名的成功的制陶企业。查尔斯在六个孩子中排行第五，但是，当他只有八岁的时候，母亲就去世了，他是由姐姐们抚养成人的。

经过平庸的中学学业之后，达尔文被送到爱丁

堡大学学医，但他厌恶学医，特别是在手术室中目睹的情景，不久他便决定不能继续传承家族在医学方面的传统了。他转而对自然史产生了兴趣，并加入了本地的博物学家协会。他在那儿遇到了激进的解剖学家罗伯特·格兰特，格兰特是为数不多的公开支持拉马克进化理论的科学家之一，并曾因此而臭名远扬。

离开爱丁堡后，达尔文到剑桥的基督学院攻读学士学位，这是进入英国教会神职生涯的传统大门。虽然父亲是一名怀疑论者，但达尔文年轻时的信件（以及他后来的回忆）表明，当时他对基督教仍然抱有天真而真挚的信仰。他继续采集自然历史标本，特别是甲虫，但也开始参加娱乐性不强的户外活动，包括射击。他的父亲抱怨他浪费了太多的

时间，其实，达尔文对于科学的兴趣正越来越浓。他所获得的课外科研培训使他有决心在这个领域做出成绩，他与地质学教授亚当·赛奇维克和植物学教授约翰·史蒂文斯·亨斯洛一起工作，而正是亨斯洛提名让达尔文参加了小猎犬号的环球航行，这成为他一生的转折点。

达尔文阅读了伟大的旅行科学家亚历山大·冯·洪堡的作品，并一直热切期望去热带地区旅行。小猎犬号由海军部派遣出海，绘制南美洲的海岸图，这是它第二次去这个地区航行，船长罗伯特·菲茨罗伊想找一位有身份的博物学家在船上作陪，亨斯洛推荐了达尔文，虽然有来自其父亲的阻力，但达尔文还是被录用了。小猎犬号于1831年12月27日出海，航行了五年，达尔文经常可以随意地深入内陆

旅行，他勘测了南美大草原上的辽阔平原并攀登了安第斯山脉。从南美洲海岸起航横跨太平洋后，轮船在加拉帕戈斯群岛的海岸停泊了一个多月，达尔文在那里做了一些最重要的观测。

达尔文做了大量的地质勘察工作，并且，在他返航回来后，主要通过发表有关这个学科的研究成果而成名。亨斯洛把查尔斯·莱尔的《地质学原理》的第一卷送给达尔文，书中指出，所有的地表变化都是由可观测的原因长期作用所引发的。达尔文发现了显示安第斯山脉被提升的证据，它不是由一次灾难性的剧变引起的，而是由一系列变迁所造成的，从而确认了莱尔的论证。他现在想要依据逐渐进化或衰落的观点来解释所有的地表特征。

莱尔的“均变论”为生物世界中的自然选择提

供了一个模型。达尔文正在收集有关化石和物种地理分布方面的信息，这些信息会让他重新考虑他此前的信念——每个物种都是由智慧而仁慈的上帝创造出来的。在剑桥，他阅读了一部有关神创论论据的经典论述——威廉·佩里的《自然神学》。佩里认为，每个物种结构对于需求的适应性，用今天的话来说，只能被解释为“智慧的设计”。然而，在南美洲的经历促使达尔文重新思考这个论点，他看到南美洲有一个独特的动物群——比如犰狳、树懒等动物，他发现了与这些独特的生物物种具有相似性的化石。如果结构是按照需求所设计的，那么，即使它们具有相似的环境范围，为什么南美洲会有与非洲如此不同的物种呢？在每个地方的连续物种之间存在的明显的历史关联性可以通过某些蜕变或

进化来解释。

正是在加拉帕戈斯群岛上，达尔文看到了这一过程的最明显的例证。在数百英里外的太平洋中有一片岛屿，达尔文对其中的几个进行了勘察，采集独特的野生生物的样本，即便如此，他几乎也未能领会到所见事物的重要意义。在小猎犬号离开之前的最后几天里，他才意识到，不同岛屿上的一些物种形式是有差异的，然而，他没有记录他采集标本的确切地点，而且也没有时间再去重游所有的岛屿。当轮船驶离的时候，达尔文不得不借用其他船员（他们记录了这些标本是来自于哪个特定的岛屿）所采集的标本，以便重现如今被普遍称为“达尔文雀”的分布情况。每个岛屿上都有这种鸟类的特有形式，它们各自适应了不同的生活方式。达尔文确定，这些有关联的各种形式的鸟一定是各自从小种群进化而来的，它们的祖先是被风暴吹向这些岛屿的一种南美洲鸟类。

达尔文于1836年返回英国，为了筹备发表他的科学考察成果及采集的标本，他开始记叙这次航行的经历。他加入了伦敦地质学会，并担任了几年秘书。这时的他开始考虑婚姻大事，并向他的表妹艾玛·韦奇伍德求婚。1839年结婚后，夫妇二人在伦敦短暂居住，之后便搬到了距伦敦东南十五英里的达温村的一所大房子里，达尔文在这里安顿下来，过着乡绅的生活。达温村的家（现在作为博物馆对公众开放）很大，有宽敞的宅地，他的父亲给他提供了足够的钱财，使他在经济上独立而富有，达尔文也表现出了擅长投资赚钱的才能。然而，就在这个时候，有生之年一直困扰着他的疾病的初期症状开始在他身上显现出来，迫使他放弃了自己在伦敦科学界的活跃活动。但是，即便如此，他也绝不当隐士，他在首都图书馆和博物馆参观，在家中接待来访者，而且还建立了一个庞大的通信网络。

这种病可能是由精神压力所引起的，因为那时他正在暗中认真从事着物种问题的研究，达尔文坚信物种能够逐渐地适应新的环境，并开始着手寻找原因。他调查了一个可以观察到物种内部变化的行业——动物饲养者的工作，比如鸽子爱好者。在他的笔记本里所记录的调查研究（已发表）中，他认识到饲养者取得成功的一个重要因素就是选择，他们在每一代诞生的动物个体间寻找微小的差异，只培育那些朝着他们所需要的方向显示出一些变异的

个体。通过阅读马尔萨斯的《人口论》，他注意到这种推测，即在原始的社会中，人口压力将导致“生存竞争”，最弱的就会被淘汰，这就是自然选择过程的驱动力。在一个发生了改变的环境中，那些生来就具有使之能够适应新环境的微小变异的个体将生存、繁衍，并把他们的优势传给下一代，不太适应的则被淘汰，经过很多代之后，自然选择就能创造出一个适应环境变化的新物种。

1842年，达尔文撰写了一篇关于这个理论的简介，随后在1844年又写了一篇如果他意外去世则可以发表的内容详实的论文。他也认真思考了这个理论对人类的意义，他见到了位于南美洲最南端火地岛上的土著人，他们被很多人看成是这个世界上最“原始的”人类。如果整个人种是从这样的原始

人进化而来的，而他们又来自更早的类猿祖先，这将意味着什么呢？达尔文确信，人类的头脑已经进化为动物王国中一系列连续的智力发展的最高级产物，我们的道德观念只是由进化所赋予我们的本能的理性化，以使我们能在社会群体中生活。

1844年写的论文一直没有发表，可以列举出各种可能导致这一延迟的原因，也许，达尔文关注着公众的反应，或者是受到了他的妻子的影响，她为他对基督教与日俱增的怀疑而苦恼。他也忙于其他课题成果的发布，其中最重要的是，他需要更多的证据使科学家能认真地对待进化论。因此，达尔文继续从事物种的地理分布方面的研究，与诸如约瑟夫·胡克和阿萨·格雷等专家辩论：是否可以从动物从唯一的起源点迁徙而来的角度来解释物种现存地？他主要从事藤壶的研究，起始于小猎犬号航行途中采集到的一些不同寻常的物种，但最终却扩展到对整个物种群体中所有已知的生物和化石进行描述。这个项目树立了他作为生物学家的声誉，也让他能对物种内部的变异度及自然选择所产生的奇妙的适应性进行深入探索。

与此同时，达尔文的家庭生活也在继续着，只是由于他时常犯病而受到干扰。他生养了几个孩子，然而，他最喜欢的安妮于1851年十岁的时候死于发热，达尔文被丧女之痛击垮了，这可能为他对于人性化上帝信仰的棺木上楔入了最后一颗钉子（虽然他从来都不是一名彻底的无神论者）。在十九世纪五十年代中期，为了最终将他的理论公之于众，达尔文开始撰写一部多卷本专著。这项计

划于1858年被一位鲜为人知的博物学家阿尔弗雷德·罗素·华莱士的一封来信所打断，华莱士参加了去东印度群岛采集标本的考察队，并提炼出了与达尔文相似的理论。达尔文立即意识到被别人抢占了先机——虽然他与华莱士在观点上存在着重要的差异，他转而向莱尔和胡克寻求建议，他们俩人敦促他将华莱士的论文与达尔文自己早期所写的有关自己理论的描述一并提交林奈学会发表，其中包括1844年所写论文的简短摘要、1857年写给美国植物学家阿萨·格雷的一封信，这些明确表示达尔文多年来一直在研究这个理论。与此同时，他抓紧赶写单卷本专著，即我们现在所知的《物种起源》。

正如达尔文所担忧的那样，当此书于1859年底面世的时候，引起了巨大的争议，保守派认为这个理论削弱了人们对于创造世界的上帝以及不朽灵魂的信仰。年轻的激进人士，例如生物学家托马斯·亨利·赫胥黎，则急于为其辩护，把这个理论看作是使科学摆脱教会影响的机会。达尔文没有卷入这场公开大辩论——即使在时机最好的情况下，他也避免参加拥挤的会议。然而，他下定决心要捍卫他已经发表的观点，并且通过修订《起源》和撰写更多的专著，对这一理论的方方面面进行详细的探讨。截至十九世纪六十年代晚期，有关进化论的辩论才逐渐平息，达尔文主义者（像他们现在自称的那样）赢得了胜利。赫胥黎和其他科学家开始了一项伟大的工程，用化石来重现地球上生命的进化，在这方面，他们尚缺乏解剖学和胚胎学的证据。达尔文本人没有参与这项研究——他知道化石记录不够完善，并怀疑不会有足够的证据来弄清楚细节问题。

1871年，达尔文在他的《人类起源》一书中阐明了他关于人类起源的观点。他接受了赫胥黎的论证，即我们与猿类有着密切的关系，不过，他也清楚地认识到，化石链是有缺失的。其他大多数权威人士当时都把研究重点集中在人类的大脑是如何扩大的，而达尔文则提出，我们的祖先最初是通过采用直立姿势与猿类分开的。像在很多其他地方一样，他在这里预期，直到他去世很久之后才会在此方面有所发现。

《人类的由来》对我们的社会本能如何进化的问题进行了探讨。达尔文认为，所有生活在社会群体中的物种必须形成群体内部协作的行为模式。由于群体本身相互竞争，那些个体不能有效地通力合作的群体将被淘汰。他还试图解释各个不同的人种是如何从一个共同的祖先分化而来的，由于人类遍布全球各地，孤立的群体便形成了自己独特的特征。关于这种情况如何发生的问题，他更喜欢的解释是性选择，对于性伴侣某种特性的偏好的出现，导致这些特性在种族中被强化，因为具有这些特性的父母生育了更多的后代。这本书令保守派感到忧虑，然而却巩固了达尔文作为这个理论的缔造者的地位。根据这个理论，竞争才是进化的驱动力。

达尔文在捍卫自然选择理论方面不太成功，大家都认为生存竞争很重要，但没人能想得到，仅仅通过淘汰不适合的就能够产生有益的结果。连赫胥黎也发现，如此随意的机制就能够解释物种进化的

方式令人难以置信。哲学家赫伯特·斯宾塞则偏爱拉马克的理论，认为通过努力和活动而获得的特征被遗传给后代。虽然斯宾塞创造了令人难忘的词语“适者生存”，但他认为，正如达尔文所假设的那样，竞争不仅淘汰了不适者，还刺激物种进行自我改善。对于选择理论的其他反对观点是基于遗传的问题。达尔文在他1868年所著的《动物和植物在家养下的变异》一书中，提出了他自己的遗传理论，但是，他没有提出基因的概念，而且关于变异特征是如何遗传而来的辩论也并没能将事实澄清。只是在1900年之后，大约在达尔文去世二十年之后，新的遗传学才为选择理论提供了更为坚实的基础。

达尔文科学生涯后期的最好作品是有关植物学领域的，他研究花朵的结构和攀援植物的活动，他

展示了自然选择如何能够生成令人难以理解的结构，即使你相信它们是上帝创造的。他的最后一本书是关于蚯蚓的，是园艺联谊会成员间的一部二流畅销书，这是达尔文一生中最后一个巨大的讽刺：一个被赞誉为解释人类如何通过竞争和演变而进化的新世界观的缔造者的人，最终竟然对于适应性的细枝末节以及卑微的蚯蚓更感兴趣。他的观点呈现出自身的生命力，并以出乎他预料的各种方式被引用着。当他去世时，在威斯敏斯特大教堂举行的葬礼反映出他所获得的作为维多利亚时期进步信念象征的标志性地位，而他本人则更喜欢打理自己的花园。

现在我们开始聊聊吧……

并非情愿的革命者

达尔文的理论可能具有不同凡响的影响力，但在个人生活方面，他却是维多利亚时期一名体面的中产阶级上层人士的典型代表。达尔文出生于一个富有的家庭，他的家庭与在工业革命中改革英国经济的企业家们关系密切。达尔文过着乡绅的生活，供养着一个大家庭，他很溺爱子女。在他身体不好的那段时间里，一直得到妻子的悉心照料。虽然他每天常常只工作几个小时，但这为他提供了最佳的环境，使他能够致力于自然历史的研究以及他的写作生涯。

早上好，达尔文先生，您的身体还好吧？

确实很好，谢谢。我这次起死回生，完全没有了以前曾困扰我多年的病痛。自从我在南美洲考察期间与牛仔们一起骑马以来，身体就没好过。

按照我的理解，您从来没有这么健康过，对吗？

确实如此。我总是有阵发心悸，但是，在我从小猎犬号航海之旅回来几年之后，这种情况变得更加严重了，而且伴随着头疼、恶心，还常常呕吐。大夫们好像也搞不清楚这种病的原因。唯一有效的，至少有的时候管用的方法，就是水疗。

水疗都做些什么？

去水疗疗养院，比如去莫尔文丘陵詹姆斯·加利医生开的那家。在那里，他们让你洗冷水澡，再把你用湿布裹起来好几个小时。他们认为这样就可以清洁引起麻烦的那个系统，有时候好像确实对我有点儿用处。

听起来好像病痛和治疗都在很大程度上干扰了您的工作。

当然了，我经常每天只能工作几个小时，所以我必须长时间地坚持完成我的计划，就像我过去常说的，“坚持就是胜利”。我经受不住任何刺激，这就

是为什么我不得不放弃科学界的公共活动。

您确实没有与其他的博物学家脱离联系吗？

是的。的确，在某种程度上我是两全其美的，我不用在会上浪费时间；但我们住得离伦敦很近，必要的时候我可以去那里的图书馆和博物馆，需要和我的博物学家朋友们沟通的时候，他们来我这里也很方便。我与很多国内外的专家保持着通信联系——那个时候我们的邮政服务已经很高效了，而且我用他们的知识和经验来验证我的想法。

然而您仍然得适应有病的生活，对吗？我可以问问您的家庭生活吗？

我完全要依靠我的爱妻艾玛。在我生病的日子里，

她照料着我；在我健康工作的时候，她要确保我很舒适。我们生活得很平静，虽然在达温村的房子离伦敦只有十六英里，但我觉得这里是真正的英国乡村。我一次工作几个小时，然后就沿着小路漫步，这条小路穿过我的小庄园里的树林，我们把它称为“沙之路”。休闲时，我和艾玛一起玩十五子琪，听她弹钢琴，我们有一个相当大的家庭——总共有十个孩子，但其中两个没有活过婴儿期就夭折了。

您的生活显然很富裕。

是的，我很幸运，一辈子在经济上都是独立的。我父亲很富有，结婚的时候他给了我们一笔可观的钱款。我用钱是很仔细的，投资也一直很明智，买铁路股票的收益很好。以前，我常常记录收支的每一个便士——对于那些认为每个生物都要把它赖以生存的自然界中的得失记录下来的人来说，这不是一个坏规矩。

您为什么没有试着谋得职业科学家的一席之地呢？

我的身体状况不佳，是绝不能以职业科学家的身份干一番事业的。无论如何，在这个领域没有很多挣钱的工作。我的朋友托马斯·赫胥黎一生都被教学和政府委员会这些枯燥乏味的工作拴住了，在他因神经衰弱而倒下的那段时间里，我们大家不得不凑钱让他休假。我是一名博物学家，我努力地诠释生命的多样性，并乐在其中。我当然想留名于世，但是我不需要靠我的工作为生。

您提到了您父亲的财富，是从哪里得来的？

噢，我们是一个很兴旺的家族，我的祖父伊拉兹马斯·达尔文是一位著名的医生，有一段时间曾要求他担任国王的御医。我的父亲继承父业，但他也积极参与我们的居住地舒兹伯利地区的商界活动。我们是韦奇伍德的近亲，韦奇伍德陶器公司给整个行业带来了一场变革。我的舅舅乔什——他的真实姓名是乔西亚·韦奇伍德，对我的生活有着重要的影响，而且，当然了，艾玛也是韦奇伍德家族的。她实际上是我的表妹，当我决定该找合适的结婚对象的时候，我用不着到远处去找。

您没有提到您的母亲。

我刚八岁的时候她就去世了，对她我没留下太多的记忆。我是由姐姐们抚养成人的，尽管我不得不承认我的学习不太好，但是，我的童年过得非常快乐。

摆脱父亲的阴影

达尔文学术生涯的早期平淡无奇，在放弃了医学职业培训的努力后，他在剑桥拿到了一个文科学位。最初，他打算做一名牧师。达尔文仍然不是很好学，他父亲开始以为他会把一生都浪费在漫无目标的追求上。然而，在课程之外，达尔文正在积累地质学和自然历史方面的经验，他这时的志向是要成为一名严肃的博物学家（“科学家”一词当时刚刚创造出来，尚未普遍使用）。

您介意给我们谈谈您早期生涯的一些情况吗？

上完中学后，我被送到爱丁堡去学医。但是我讨厌学医，特别是手术室的恐怖感——这是在手术中使用麻醉剂之前很久的事了。最终，我不得不告诉我的父亲，别指望我成为医生。

然而，时间并没有完全浪费，因为我养成了自己对自然历史的兴趣。我在海滩上收集到很多东西，而且对于最低等的动物很感兴趣。有人已经把这些动物看作是植物与动物之间的一种桥梁，这就是罗伯特·格兰特的观点，他公开支持蜕变学说，我当时

并没有太注意。

但是，您只对那些似乎把两个王国联系起来的生物感兴趣——或许格兰特至少对您的观点有某些间接的影响。

我想是的，不过我从不跟着他的比较激进的推断走。无论如何，两年后我离开了爱丁堡。之所以这样决定，是我应该从剑桥得个学位，然后去教会任职。作乡村牧师，我还可以继续发展我对自然历史的兴趣。

应该说，对于一个后来被辱骂为著书立说帮助动摇宗教权威的人来说，这是一个奇怪的职业选择。那时候，您得订阅英国国教三十九条信纲才能进剑桥。您能问心无愧地做到吗？

是的，至少是经过了一些深思之后。我父亲不是信徒，但我是由姐姐们带大的，她们可是虔诚的教徒，而且我那时候还认为基督教的基本教义是真实的。剑桥对我来说成为了一个很美妙的地方，不过它吸引我的并不是学术。坦率地说，我在那里过得不错，我练习射击，还有其他的户外活动，并和一群搞体育的人交往。我父亲抱怨我在浪费时间，没有什么好处，但我还是不停地收集标本，特别是甲虫类，并且了解了更多的自然历史知识。我和亚当·赛奇维克很熟，他是地质学教授，教我如何理解地质记录中的地层更迭。我们一起去威尔士探险，他是一个笃信宗教的人，对我后来的观点非常恼火，但当时他还是尽了很大的努力想把我变成一

名合格的地质学家。

他没有指出岩石层是在诺亚的洪水下面？

天啊，没有。其实对洪水信以为真的地质学家是牛津的威廉·巴克兰。在我要去爱丁堡之前，他出版了一本这方面的专著，但即使是他也认为这场洪水只引起了最近的几次沉积。那些做了实地研究的人怎么能认为所有的底层都是一下子形成的呢？有的地方，在被比较年轻的岩石覆盖之前，比较古老的岩石就重叠在一起，形成了断层，而且在很多情况下，在沉积层中有由熔岩形成的大量的侵入岩。

我只是希望每个人现在都意识到这一点，因为近年来神创论又重新抬头了……但是请继续您对剑桥的

回忆。

我还受到植物学教授约翰·亨斯洛的影响，就是他在罗伯特·菲茨罗伊面前提起了我，菲茨罗伊要乘坐小猎犬号出发，正在寻找和他一起去旅行的人。我父亲对此非常不高兴——这对他来说似乎是浪费时间。是我的舅舅乔什说服了他，舅舅说这将有助于我成为博物学家。

我有这样一个印象，就是您和您父亲的关系相当紧张。

不是，根本不是这样的。他身材高大，总是左右着谈话的内容。然而，虽然他经常把我当作年轻人来批评，但后来我们的关系变得很亲密。当我决定参加小猎犬号航行的时候，他提供了巨大的支持。请记住，我在船上没有正式的职位，得支付自己整整

五年的旅途费用。我刚刚提到过，我们结婚的时候，父亲给了艾玛和我舒适的生活。我亏欠他很多，但不管他以前有多少疑虑，对我来说，重要的是要向他表明，我能够使我的科研工作获得成功。

我能问一下您当时更高的信仰吗？您仍然相信所有的物种都是上帝创造的吗？

是的，我仍然接受神创论的观点。在剑桥，我读了威廉·佩里的《自然神学》。这个论点是基于一种简单的类比。一只表需要一位钟表匠来制作，因此，更为复杂的生物结构也需要一位有智慧的设计师，这一定是造物主上帝。由于大多数这样的结构使物种适应了自己的生活方式，所以我们可以确认，造物主上帝既富有智慧又仁慈。我虔诚地接受

了这一观点，尽管化石记录显示，一定存在着一个持续时间漫长而又略有不同的完整系列的创造。这种设计的概念塑造了我后来的想法——我一直接受这种观点，如果你想要消除创世奇迹的观点，关键问题是要解释设计开始时并没有一个有智慧的原动力直接参与其中。

小猎犬号航海之旅

达尔文一生中的伟大探险，是他乘坐小猎犬号环绕世界的航海之旅。就像他后来所说的，正是这次航行为他所有的观点提供了依据，是他事业转折的一个标志，使他对地质变化和地球的年龄有了新的深入的了解。这次航行还揭示了很多令人困惑的有关地球上动物分布的事实，达尔文对于物种稳定性的看法被他在加拉帕戈斯群岛的发现彻底动摇了。达尔文的理论建立在一个地理勘探的新时代，是欧洲列强在世界各地的扩张而造就的时代。

刚才您提到了小猎犬号的船长罗伯特·菲茨罗伊，您能告诉我您与他是什么样的关系吗？

菲茨罗伊是贵族出身，与我们这种近期才富起来并获得声望的家庭很不同。他可能会非常专横，但又渴望船上有人能与他以海军礼仪、规则之外的方式交流。我们偶尔也会争吵，可最后总是能和好如初。有一个问题就是他支持奴隶制，我坚决反对奴隶制，把所有的种族都看作是人类整个大家庭的一部分。那时候我在想，即使野蛮人也是能够逐渐改良的，菲茨罗伊同意这个看法，然而，他认为，奴隶为主人干活的时候，才会过上更好的生活。我知道这没有道理——当我在里约热内卢周围的乡村旅行的时候，见过奴隶们受到的可怕惩罚。

确实，菲茨罗伊支持世界各地的传教士为教育当地人而付出的努力。小猎犬号在上一次航行访问火地岛的时候——那是位于南美洲顶端的一个荒岛，他从那里带回来三个当地人，在我们这次送他们回家乡之前，把他们教育得像英国人一样，当我们看到他们很快又回复到野蛮状态时，感到很震惊。这使我深深地意识到，文明的外表是多么脆弱，即使是对于我们欧洲人来说也是如此。

您能给我讲讲您的探索之旅吗？

小猎犬号有时要花费几个月的时间勘察同一段海

岸线，所以我有很长的时间可以在岸上度过。我非常热切地想要探察热带地区，我读过亚历山大·冯·洪堡关于他在南美和中美洲探险的描述，也许这是有关偏远地区科学考察和测量的最令人印象深刻的记载。当我们到达巴西的巴伊亚的时候，我正处于最佳状态，茂盛的草木和异国情调的景色正是我所期盼的，我要尽可能快地开始收集标本。在接下来的几年间，我得以进行了几次深入内陆的旅行，收集动物、植物、化石和矿物质标本，并进行地质考察。在南美的大草原上，我与南美牛仔们一起骑马，每天晚上和他们一起露营。我在那里发现了美洲鸵鸟，原来是一种不会飞行的鸟类新物种。我们在火地岛外海度过了一段时间，在那里，我们把船上的当地人送了回去。当船沿着太平洋海

岸线航行的时候，我还有机会攀登了安第斯山脉。

地质考察是这个项目的重要部分，对吗？

当然，我接受过赛奇维克的良好训练，能够对各种岩层进行独创性研究。他教给我“灾变”理论，根据这一理论，山脉是被剧烈的动荡抬升起来的，而峡谷是潮汐的巨浪切削出来的。但是亨斯洛给了我一本查尔斯·莱尔的《地质学原理》，这本书指出，如果我们能设想到普通的原因，比如长期以来发生的地震和河流的侵蚀等，就无需调用大灾难来作解释，这就是所谓的“均变论”。我亲眼看到，安第斯山脉是分阶段地抬升起来的，而且这一过程仍在继续。就在我们到达智利的康塞普西翁之前，那里发生了一次地震。我们看到，地震不仅撼动了大

地——整个地区都升高了十英尺，而且你还能看到原来的海岸线的位置。在攀登安第斯山脉的时候，我在不同高度的山坡上看到了证据——鹅卵石、贝壳，等等，这证明那里曾经是海滩。整座山脉是被长期以来接连发生的、类似于这次我们所经历的地震抬升起来的。我认为莱尔是正确的，他设想的地球是非常古老的，所有对地球造成影响的变化都是缓慢的，而且是相对渐进的。

我的理解是，您运用莱尔的理论，完善了您的珊瑚礁理论？

是的。我意识到，通过设想同样缓慢的太平洋海床的沉陷过程，就能解释珊瑚礁和环礁的问题。珊瑚虫只生活在岛屿周围的浅水中，因此，任何突然的沉陷都可以置它们于死地。然而，如果下沉发生的很缓慢，珊瑚虫就能朝着水面不断地向上建造，最终形成一个环绕整个岛屿的环礁湖。

然而，您收集的动物和植物也是很重要的，对吗？

当然，虽然我所看到的这些东西的重要性对我来说是逐渐地变得清晰起来的。特创论的问题是动植物在地球上的分布问题，如果造物主使每一个物种适应其环境，你自然就会想到：每个条件相同的地区将被填入同样的物种。然而，南美洲却有一个独特的动物群，即便是它有着一系列相同的环境，却也完全不同于其他地方的，比如说非洲的动物群。而且，那些独一无二的生物——树懒、犰狳、骆驼之类，也出现在化石中。我把这称为“类型更迭法则”，意思是，随着时间的推移，每个地区的“居民”之间有着连续性。似乎没有明显的理由说明为什么造物主会采用这种模式，然而，如果后来的物种是源自早期的物种的话，它就清楚明了了。

我开始好奇为什么这些物种存在于我们发现它们的特定区域。我深信，决定物种分布的因素是阻止它们从原有的家园分散出来的屏障所在——山脉、沙漠、大江大河都是分隔不同物种的屏障。主要的屏障，尤其是大洋，限定了大陆上的主要地理区域。每个区域之内都生存着相关的物种群，像河流这种并非无法逾越的屏障决定本地区分布的时候，物种时常会趁机越过这些屏障，在相邻的土地上建立“殖民地”。我意识到，解释这种状况的最好方法就是：假设这些“殖民者”一定会适应他们新家园的环境。

这就是为什么在加拉帕戈斯群岛收集的标本会如此重要，但我相信，其实您在那里的时候并没有意识到这一点。

只是在群岛上逗留的后期才意识到的，对我来说再进行系统性的采集为时已晚。这个群岛是个可怕的地方，是这个地球上离地狱最近的地方，它因火山活动而形成，是近期才从太平洋里露出来的。动物也相当古怪——海洋鬣蜥像微型龙，它们以海草为食；还有巨龟，有一些体型非常大，你甚至可以骑到它们的背上。正是这些给我提供了解释岛上物种形式分布的奇异现状的线索。就在我们要离开的前夕，我得知，可以通过一个龟壳的形状来判断这只龟来自哪个岛屿。我从来没想到，在那里，每一个非常小的微型岛屿都有自己独特的物种。然而，从这至关重要的一点上来看，我们却带着采集到的凌乱的标本坐船离开了。幸运的是，菲茨罗伊和其他一些对自然史感兴趣的船员做了更好的记录，所以我终于把这种情况搞清楚了。不同岛屿上的各种雀科鸟类和知更鸟之间有着重要的区别，后来，我就用雀科鸟类作为例证来清楚地阐明这种情况，因为它们展示出非常显著的差异，特别是在喙部。有些鸟类具有很厚的喙，适于嗑开种子，其他的则喙部很薄，适于从缝隙中啄出虫子，等等。

发现之时？

提出自然选择的理论是达尔文最伟大的成就，这来自他独特的综合研究兴趣：小猎犬号航行中的生物地理学与动物饲养工作的吸引力。几乎没有博物学家对饲养者的工作感兴趣，然而，他们使达尔文看到，在一个群体中存在着个体差异，而且可以为了选择一些特性而牺牲其他的特点。他还阅读了托马斯·马尔萨斯的社会哲学理论，这本书让他了解了“生存竞争”。达尔文理论把新的科学论点与洞察力相结合，而后者来自维多利亚时期资本主义意识形态更为悲观的一面。

因此，在您从创造到变异的思考过程中，没有戏剧性的切换，在群岛上或之后，都没有“我发现了！”这样的时刻吗？

是的，这是一个在后来几年里逐渐展开的过程。我们于1836年10月返回英国，在回家的路上，我一直在苦苦思考加拉帕戈斯群岛上的物种类型，是不是那些岛屿上独特的物种群体之间差异太大，从而使他们成了不同的物种？如果它们只是引人注目的雀科鸟类或知更鸟等单一物种的地方品种，那么神创论就依然是合理的。然而，如果岛上的每一种类

型都是一个不同的物种，那么，对我来说，这种情况就构成了对神创论的反证，很难想象造物主会在太平洋中间的这些小岛上逐个创造这一系列不同的奇迹。当我到家的时候，这些标本被送交著名的鸟类学家约翰·古尔德进行描述和分类，他使我确信它们是不同的物种，而不是单一的品种。我确信必须以某种形式的蜕变说来取代神创论，这种蜕变说是以地理隔绝和物种群体适应新环境为依据的。雀科鸟类和知更鸟的祖先生活在美洲大陆上，其中有少数偶然被风暴吹过大洋，在不同的岛屿上建立自己的家园，因为它们通常不会飞越阻隔在中间的水域，所以每个群体实际上是隔离开的，而且以不同的方式适应了新的家园。

所以，从小猎犬号航行归来后不久，您变成了一名坚定的蜕变论者——用我们的术语来说，是一名进化论者。下一步要做什么？

在这一点上我知道物种可以改变，但我想知道它们是如何改变的，是什么真正的机制改变了它们？接下来我花了两三年的时间收集有关这个问题的信息，终于提出了自然选择的理论。

但是您并没有公开做这些事，可以这么说吗？当时，这并不是您在伦敦科学界参与活动的一部分。

说得对，我在伦敦安顿下来，开始发表这次航行的成果。我对我们这次航行的一般性叙述最终很受欢迎，但是还要安排出版更专业的内容。我的很多工作集中在地质考察和理论研究方面，我成了地质学会的会员，最后当上了学会的秘书。我撰写并出版了完整、系列的地质学论文和专著，其中包括关于珊瑚礁的那本书。

那么您在科学工作方面的同事会更多地把您看作是一名地质学家而不是博物学家。但是，我认为，物种的问题开始占用了您的全部时间，您对当时有关这个问题的观点，比如拉马克的理论，是怎么看的？

我对拉马克从来没认真过。他的基本观点是，一个个体改变习性时的获得性状能传递给后代，这种想法在有限的范围内当然是有效的，它作为事实的一部分，我一直都是接受的。当一位铁匠通过劳作练就出发达肌肉的时候，显示出这种变化有遗传的倾

向是微乎其微的，但如果类似的过程发生在一个动物群体中的所有成员身上，这个物种就会逐渐地改变。但是拉马克把这个观点混杂于动物希望出现新特征之类的一堆废话中，他还确信有一种前进的动力推动着生命朝着一个特定的方向发展——一种动物王国需要攀登的进化阶梯。

那么，您不接受阶梯式发展的观点？

阶梯并不是一个好的应用模式，关键的过程并非朝着一个固定的方向前进，而是一件未作预先安排的事情，是由不同的群体为了适应本地条件的需求所驱使的，产生的结果是一棵分出枝桠的大树，上面的种群朝着不同的方向散开——并非只有唯一的目标。

我想知道是什么使物种适应了本地的环境，特别是

一个群体在一个新地方建立家园的情况下。想想加拉帕戈斯群岛的物种，一开始大概是大陆鸟类的小群体，偶然到了岛上。我开始阅读我所能想到的有关这个问题的各方面的资料，并把我的见解和结论记在笔记本上。我向专家们咨询和这个问题有关联的各种相关论题，不过一开始我并没有让他们知道我的真实意图是什么。

我也决定要把这一理论应用于人类。我越来越确信，我们应当采用唯物主义的观点，那就是，意识是较高级动物思想方式的扩展形式。随着大脑尺寸的扩大，思想活动的程度也随之提高，甚至于我们的道德观念也要解释为源自天生的本能。

您对于动物饲养者的调查支持这个理论吗？

是的，这是我当时采取的最重要的步骤。在这个领域进行着大量的工作，或是为了牛、羊之类的实用目的，或是想要外来品种的狗和鸽子的饲养迷所为。大多数博物学家都忽视了这个问题，因为他们认为这些变化是“非自然的”。但似乎对我来说，如果你想了解物种在野外是如何变化的，那么，对我们亲眼目睹发生变化的这一区域进行研究是非常有用的。饲养者向我展示了每个物种之间的变异，他们对于出现在所喂养的动物后代身上的每一处微小的变异都很敏感，从遗传意义上来说，在某种程度上，这些个体特征通常可以遗传给下一代。所以，一名饲养者会把他找到的有特征的个体挑出来——即使是很微弱的特征，有针对性地进行培育，这个人工选择的过程在较短的时期内可以产生重大的变化。可是会有一种自然等效的选择吗？即使没有智慧来指导选择，大自然中会有能选出特征的程序吗？

在您的自传里，您非常强调人工选择的重要性，但是，研究过您笔记的现代历史学家们没有看到一个明确的进行思考的步骤。

我觉得我的记忆可能已经把这些事情理清楚一点了，我总是把人工选择看作是一个非常有用的途径，向我的读者介绍说可能有一种自然等效的选择。也许我对选择效力的真正洞察力是在我读托马斯·马尔萨斯的《人口论》的时候得来的。我在我的自传里已经指出，这只是我一般性阅读的一部分。当然了，我是在刻意地搜寻那些揭示人类本性

和起源的书籍的。马尔萨斯关注人口膨胀的后果，但是他的书向我表明，自然界需要大量的死亡，因为总是有超过食物供应所能供养的个体出生。我们可以选择限制我们的家庭规模，然而，其他所有的动物则受本能驱动不受限制地繁衍。显然，他们繁殖的后代不能全部存活并繁殖后代，一定有一场争夺资源的竞争，而且只有少数能在生存竞争中存活下来。我的自然选择理论产生于一种认知，就是如果在群体中有个体变异，其中一些变种会比其他的后代更好地适应环境中的任何变化，从而赋予他们竞争优势，他们将会存活下来，进行繁殖，而那些不具优势的变异往往被淘汰。到1839年底，我确信存在着一种能够解释物种如何蜕变的机制。

一些批评者认为，您的理论创造了一种基于自由经济的严酷社会环境的自然模式。当您发展这个理论的时候，您知道这些相似的特征吗？

根据我对马尔萨斯著作的信赖程度，我认为我的观点确实反映出了我们当时所生活的、竞争激烈的社会的价值观念。显而易见，有能力、有智慧的人最终会走向成功，而成功人士通常会有更多的孩子长大成人。然而，我会把这个模式运用到非常具体的问题上——动植物是如何与它们所处的环境相关联的。在这种情况下，优势经常是机体上的特征，这种特征恰巧在本地条件下很有用，而那些条件长期以来又处于不断的变化之中。不管最初的灵感是什么，当你开始把这一理论运用于自然历史中的技术性难题的时候，它就会呈现出它的生命力。

鸽子与藤壶

历史学家经常会问，达尔文为什么没有马上发布他的理论——他是在担心公众的反应，还是仅仅为了等待获得更多的证据呢？不管是出于什么原因，他仍然继续着各路的调查，希望把他的观点建立在更加坚实的基础上。他继续与动物饲养者一起工作，并开始了一个新的项目，对所有已知的藤壶物种进行描述和分类。这使他一举成为一名严肃的博物学家，也使人们了解了进化的复杂性。到十九世纪四十年代中期，达尔文最终开始让几位关系密切的科学界朋友了解他的新理论。

当您发现自然选择理论时，没有尽力公之于众，您能告诉我为什么吗？

获得基本概念是一回事，而得出所有可能的结果并且提供使科学界信服的详细证据，又是另一回事。1842年，我确实撰写了关于这个理论的简短的初稿，两年后又写了一篇内容更详实的论文，这篇论文基本上可以发表了。我在遗嘱中留言说，假如我死了，应该委托别人来监督出版事宜。

听上去您似乎已经开始担心与如此激进的观点有干

系的后果了。毕竟，1844年是罗伯特·钱伯斯所著的《创造的自然史之残迹》备受争议的一年，这本书向人们介绍了人类可能是渐进的进化过程的产物这一观点。

如果要给这个理论提供一个真正具有说服力的基础，还有大量的工作要做。你应该还记得，我还要忙于主持与我的物种研究工作没有直接联系的其他项目。我得承认，仅仅因为我意识到我的妻子艾玛看到我的工作如何离她非常注重的宗教观点渐行渐远后有多么痛苦，我就担心别人会怎么想。我认为这对我的决定可能会有一些影响，但我也有充分合理的理由来继续我的工作。我的想法是，当确认解决了所有难题的时候，我会出版一部书来真正详细地描述这个理论。如果你愿意的话，你可以称之为

“自圆其说”，但那就是我如何应对当时的情况的。

但那时候，您已经搬出伦敦在达温村的房子安家落户了。

是的，艾玛和我于1839年1月结婚，1842年9月我们搬到了达温村。又过了几年，我开始让几个信得过的朋友和熟人来了解我的理论。因为如果我要直接询问他们的专业知识如何能与我工作的各个方面相关联，这样做就是必需的。植物学家约瑟夫·胡克是第一个——他在植物的地理分布方面的知识是无可匹敌的，我要让他确信我的理论言之有理。莱尔也成为一个可信赖的知己，尽管他接受这个理论还有很大的困难，因为他不接受我们是从动物进化而来这个观点。托马斯·赫胥黎后来也加入了这个圈子。

您能描述一下您为您的理论构建证据所做的工作吗？我的理解是，不起眼的藤壶起了重要的作用。

有很多种类繁多的项目，不过你说得对，藤壶是最耗时的。我需要拓展我在地理分布方面的知识，因为这是证据链的关键，这就是胡克对我来说如此重要的原因，之后，我又开始与美国的植物学家阿萨·格雷通信。我做实验来证实不同形式的生命可以从一个地区运送到另一个地区，我把种子浸泡在海水里，看它们可以存活多久——这有助于证实新生岛屿如何从距离最近的大陆获得植物。我甚至研究涉水鸟脚上的泥土，看看它们脚上携带着什么种子、什么卵以及微小的生物。

您早先提到的人工饲养的动物怎么样呢？

鸽子和其他驯化的物种对我的工作依然很重要，我与很多饲养者建立了密切的联系，不断地询问他们的工作情况。我们测量并比较了鸽子的骨架，目的是为了了解鸽子品种之间的变异范围——当时的达温村就像一座停尸房，存放着为了取其骨骼而煮熟了的鸽子。

您是怎么认识到藤壶对于您的工作的重要性的？

藤壶是偶然间走入我的生活的。我的航海之行带回来一些不同寻常的物种，没人知道该怎样处理它们，对所有这些东西几乎都没做过任何研究。大家一致的意见是，它们与甲壳动物而不是软体动物（它们表面上与软体动物类似）有关联。于是，我对这些标本亲自做了描述，然后，一个接一个，我

最终描述了所有藤壶的活体和化石。为了了解它们的内部结构，我还做了大量的标本解剖，这个项目花费了我生命中整整几年的时间。我经常讲这个故事，当我们的一个孩子去探望朋友的时候，这孩子向朋友询问他的父亲在哪里处置藤壶。在孩子的印象中，这是所有成年人都要做的事情！然而，这项工作与我更大的项目也有关联，我了解到这些异乎寻常的适应性，而这正是信仰上帝造物理论的人根本不会期待看到的。好吧，举个例子。你知道吗，在一些藤壶物种中，雄性仅仅是雌性体中的寄生物。我还看到，甚至在野生物种中，每个群体里也有变异，被驯化的物种各不相同，因为它们被饲养在非自然的条件下。我现在肯定，在野外也有某种个体变异。

出版竞赛

在十九世纪五十年代，对达尔文来说，最终把他的观点写出来发表的时机成熟了。但是，他的计划却被另一位博物学家阿尔弗雷德·罗素·华莱士撰写的一篇论文所打乱，因为他概述了一个非常相似的理论。为了奠定达尔文的优先地位，在有争议的一系列设计好的活动中，达尔文和他的朋友们筹划出版了华莱士的论文，同期发表的还有一篇关于达尔文理论的简要描述，其中包括在华莱士稿件完成之前很久所写的材料。与此同时，达尔文开始把他的理论（在他的脑海里还只是个摘要）赶写成书，并以《物种起源》为题出版了。

您是什么时候开始考虑发表您关于自然选择的理论的?

那是1830年，我自信更有能力说服其他博物学家认真地对待这个观点。胡克逐渐改变了立场，接受了这个观点——迁徙和共同的祖先可以解释有关地理分布方面的许多相当神秘的事实。很多其他博物学家也开始认识到，只有接受自然规律而不是奇迹的作用，科学才有希望搞清楚物种来自于何处。即使是那些有着虔诚宗教信仰的人也看到，上帝是通过他所施加的定律，而不是一系列随意的干预来塑造这个世界的。莱尔和胡克请求我把我的观点公之于众，于是，我开始为这次重要的出版做准备。

这就是我们现在所知道的《物种起源》吗？

不完全是，我在计划更为宏大的一套书，也许有三册（就像莱尔的《地质学原理》一样）。它要详解所有的细节，并广泛地参考技术文献。

但这本书并没以那种形式出版。

是的，《起源》只是我打算写的那本书的摘要。我想每个人都知道我为什么要赶着出版一个简短得多的版本，我从未设想过任何别的人能独立自主地提出自然选择的观点。但在1858年，我突如其来地收到了阿尔弗雷德·罗素·华莱士寄来的手稿，概述了同样的基本观点，我意识到一切都太晚了，作

为发现者，我可能失去了优先的地位。

华莱士是谁？他是怎么得出这个观点的？

他当时在东印度群岛采集外来的动物样本。和我一样，他十分关注生活在每个地区的物种之间的某种联系的地理证据。在一篇1855年发表的论文中，他指出了这种联系。如果我领会了他字里行间的意思，我也许可以看到他正在接近某种蜕变的观点，但是，其实他是在发烧期间突然之间认识到选择理论的，他写了一篇简要的论文寄给了我，因为他知道我对这个问题感兴趣。他在附信中说，如果我认为这个观点有价值的话，就请我安排发表这篇论文。你可以想象到我当时的惊愕——这个理论我一直研究了二十年，如果我的巨著在华莱士提出了这个基本观点之后的一两年之内才出版，这看起来会很怪异。

您肯定华莱士关于选择的观点和您相同？我仔细地读过他的论文，在我看来，他所表明的观点与您的理论之间似乎存在着重大的差异，例如，他并没有看到自然选择与人工选择的相似之处。是不是您太过恐慌而给了华莱士过多的认可？

我当时并不这样看，肯定有一些差异，华莱士绝没有看出我与人工饲养进行类比这一点。然而，相似之处太明显了，我不能忽视。后来，他成为这一理论最坚定的倡导者，但我们对细节仍然争论不休。

那么您做了什么？

莱尔和胡克同意发表华莱士的论文，但他们都知道这个理论我已研究多年了。他们坚持认为，针对刚刚提出这个理论的人而言，我不应该失去宣布这一理论的优先地位。他们建议把华莱士的论文与一篇关于我的理论的描述一起发表，我的这个描述先于他提出的这个观点，我们选用了一封早些年我写给美国的阿萨·格雷的信件。

那一年稍晚的时候，在林奈学会上宣读了这两篇文章，但似乎没有引人注意。我猜想，在博物学家的刊物上小范围内发表不足以引起公众的关注，我现在开始更为详实地描述我的工作，并争取尽快出版。《物种起源》出版于1859年底，尽管我非常清楚那些具有保守宗教信仰的人们的那种反应，但我仍然希望这本书能使人们认真看待这一理论。我没有谈论人类的起源，因为我知道这个话题太敏感。不过，有关这个问题，我只加了一句话，从而使别人无法指责我隐瞒要点。但是，从先前的辩论中，大家都知道蜕变意味着我们自己这个物种起源于较高等的动物。我害怕引发公众的强烈抗议，神经症发作了，我前往伊尔克利做水疗，并等待着大家的评论。

您的理论在冒着遭到科学家抵制的严重风险？

在最初的几年里是挺冒险的，有不少相当负面的评论，还有一些重要的科学家站出来反对。幸运的是，赫胥黎设法把他的非常正面的评论刊登在《泰晤士报》上了，此举很有帮助，在后来的几年中，正面的评论逐渐占了上风。

赫胥黎在公共辩论中也很活跃，是吗？想必是疾病使您不可能参加这些辩论。

我几乎承受不了大型会议的紧张感。次年，在英国科学进步协会牛津会议上，大家都在谈论这场辩论。很显然，牛津主教塞缪尔·威尔伯福斯对这一理论进行了抨击，而赫胥黎则相当讥讽地回应了他对于人类起源问题的质疑，引起了一片哗然。但是，我听说，其实是库克发表了令人印象深刻的演讲来支持这个理论——整个事件并不是像后来很多记叙所说的那样，是赫胥黎的胜利。

美中不足

进化论的基本概念引起了不少异议，对于达尔文本人有关自然选择的观点甚至有更多的反对意见，而其中大部分都隐含着宗教或哲学的动机，但也须面对一些严肃的科学质疑。达尔文和他的支持者设法逐步地力排众议，至少战胜了那些有关进化论的反对之声。但对于自然选择理论，特别是在遗传和变异的领域中，仍存在着诸多问题。基于对各种道德标准的考量，很多科学家在寻找替代的进化机制，比如拉马克的获得性状遗传理论。

在对反对您的那些意见进行探讨之前，还有另外一点我们需要搞清楚，就是在生命起源这个问题上您的立场是什么，人们似乎认为您的理论就是要解释这个问题的。

并非如此。自然选择学说假设存在着可以自我繁殖的生物，但我认为，在我那个时代，也不要指望能够依仗可用的技术就能解释——最早的生物是如何出现的。确实，在《物种起源》里，我曾经谈到，生命被“吸纳”进入一种或几种生物体中，进而启动了进化的过程。胡克不喜欢我使用圣经中的语言去讨好宗教保守派，但是我想把我的关于生命如何进化的理论与有关最初的生命起源的争论加以区别。作为一名始终如一的唯物主义者，你必须认定有一种自然的起源，这种看法我同意，但是我们不知道它是如何运行的，我可不想让我的理论与这个毫不相干的难题有什么关联。

我们仍然没有得到一个完整的解释。但我们还是回到关于进化的问题吧，即使大家不喜欢你关于进化论法则的解释，但你还是希望人们接受它的总体思路。这可能吗？

后来的生命形式是从早期的生命形式进化而来的，这个基本观点已经被辩论了一段时间了，拉马克和我的祖父曾为此而争论，并指出这是通过每一代动物的努力而实现的，从而达到自我改善的目的。1844年，钱伯斯在《痕迹》中论证了某种形式的演化，尽管他似乎在暗示上帝为自然界建立了一条神秘的“进化定律”。因此，你无需认定关于进化过程的任何特定理论，就可以成为一名进化论者。当然了，我想使博物学家相信，我的选择理论是言之有理的。然而，首先要做的事情是，让他们接受某种形式的进化论。

我有意把对自然选择的详细解释作为《物种起源》的开头，因为那是一个全新的观点，为上帝造物提供了一个替代品。不管你认为它适当与否，这个主题没有超出自然解释的范畴。然而，我后来又完成了一系列章节，为适应性进化的总体思路提供依据，这就是为什么我的有关地理分布方面的著作，以及胡克、格雷和很多其他人的著作会这么重要。我论述了可以分成种群的物种之间解剖结构的相似性，从而使共同祖先这一假说具有了完全合理的意义——我们可以把物种分成类群，因为它们都具有源自共同祖先的基本特征，又加上了自己的个体适应性。胚胎也很重要，因为与后来较为表面性的阶段相比，在卵或子宫中的早期发育阶段，不太可能受到进化的干扰，因此，它们经常显露出我们不会在成年动物身上看到的关系，例如，这就是藤壶是如何被认定为甲壳动物的。

那么，化石呢？很多人好像认为您应该能够在化石记录中看到整个进化的过程，而且他们把化石系列中的缺失部分看作是对进化论的反证。

反对之声一直都有，我写了整整一章来说明它的不合理性。前几年，莱尔就论证说，我们不能期望所有物种都会留下化石遗骸，因为适合骨头矿化的环境相当罕见。这种记录极不完善，我们不可能找到整个进化过程的连续证据，每时每刻都有新的发现，我们偶然也会发现一些中间物种，这说明我们的路子是对的，但是，说记录进化过程的全部化石中有缺失对这个理论不利，那是对地质记录本质的误解。

胚胎的发育又如何呢？那不是向我们展示了速成形式中所有的细节吗？

不见得。你所指的是“重演论”，它导致一些博物学家对于胚胎发育和物种进化史之间的相似之处表现得过度狂热。引起这种混乱的部分原因是因为

“发育”和“进化”这两个术语起初被用于受精卵成长为成熟生物体的过程，然后其含义扩大涵盖了地球上生命的总体历史中发生的变化。就像我所提到过的，胚胎很重要，因为它们的早期阶段有时会揭示物种之间的关系，但是，这跟说胚胎的发育就像速成版的进化是不一样的。核心的问题是，进化是一个有分支的过程，并非一条直线。你千万别落入陷阱，认为一个物种是另一个物种的“未成熟”形式。胚胎不是祖先，虽然它们有时可以给你提供有关祖先相貌的线索。

我想我们可以开始谈论进化这个棘手的问题了。大多数总体上接受进化论观点的人都把它看作是一种固有的进步力量，这样说公正吗？在这个问题上，您是什么立场？

对于进化的观点，存在着一种普遍的热情，而且对于如何把它运用到地球上生命历史的研究中，有很多草率的想法。毫无疑问，进化是一直存在的，一些现代的物种要比我们以前在化石记录中发现的那些更为复杂，组织性更高。我总在想，自然选择至少会使物种做事更有效率，然而，正像我以前所说的，没有一种自动的力量会把事物推向一种注定的完善程度，这正是拉马克和钱伯斯的问题所在。只要能很好地适应稳定的环境，简单的生物体就可以保持其简单。在任何情况下，进化都是一个有分支的过程，虽然一些分支在偶然情况下会发展为新的、更复杂的结构，但并不是所有的分支都如此。当物种适应了寄生生活方式的时候，它们就会退化，失去较复杂的器官，而那些确实变成更为复杂的物种则以很多不同的方式来适应环境——它们并非都在攀爬同一个阶梯。有人把进化看作一个有时能朝着更高的事物发展的过程，我为他们感到高兴——的确，我正是以这种情绪的感染力作为《起源》的结束。但当他们认为这样就意味着所有的东西都在以某种方式变成人的时候，则是令人非常沮丧的。

所以有很多人接受进化论，却不能接受自然选择的理论。针对这个具体的观点竟有这么多的反对意见，您是怎么想的？

大多数人似乎都臆断进化必定是有其目的性的，他们很难理解它并没有，至少是从引导进化每个细节

的动力这个意义上来说是没有的。这是宗教信徒特别关注的，他们想要保留某些神创论的观点，而且还远不止这些。自然选择似乎违背了关于目的性的假设，这样往往就产生出一种反对它的本能反应。天文学家约翰·赫歇尔爵士称之为“混乱法则”，我早先很推崇他的见解，因为我很欣赏他那本关于科学方法的书。我经常受到批评，说我的理论只不过是建立在“偶然”之上的，因为在群体内的变异行为看起来是没有目的性的。这些变异看似“随意”，其实不然，有很多在我那个年代无法理解的原因在起作用。然而，不管是什么原因，它们产生了很多不同的结构上的变异，其中大多数与物种所面对的适应性压力没有直接关系——这就是为什么需要用选择来淘汰很多无用的形式。这就是每个本地的群体是怎样以自己的方式适应环境的，与加拉帕戈斯群岛上的情形相同。

批评家总是在寻找用选择理论无法解释的例子，解剖学家圣乔治·米瓦特——他从前在赫胥黎的指导下进行研究，写了一本叫作《物种的创始》的书，在书中他列举了很多选择理论不起作用的所谓例子。他辩解说，当一个结构的功能发生重要变化的时候，中间的阶段对于两头来说没有什么用处。例如，如果一条腿正在变化成为翅膀，就像爬行动物进化成鸟类，中间的步骤会包括还不能用于飞行的结构，但也不能用于正常行走了。我自己也不知道我们怎么能对这点如此确定，如果黑猩猩和大猩猩都灭绝了，会有人相信有既能在树上又能在地上活动的物种吗？

我不想提及私人问题，但米瓦特是一名罗马天主教徒，他抨击我理论的狂热显然来自于更高的信仰。在这个问题上他与赫胥黎闹翻了，在与我的交往中，他也不能以诚相待。因此，他被开除出我们这个圈子了。

在遗传问题上也有很多辩论，您能解释一下您自己在这个问题上的观点吗？您是如何把它们与选择理论联系起来的？

许多人试图争辩说，根据我们对于遗传的了解，这个选择过程是不起作用的。有一位叫弗莱明·杰肯的苏格兰工程师，他写了一篇很有说服力的关于《起源》的评论，使我更加仔细地思考了这个问题。他指出，如果一个个体出生时具有极为显著的差异，而它的后代不会具有同样程度的新特征，因为父母的另一方是一个正常的个体。我自己的遗传理论，我称之为“泛生论”，则毫无疑问地表明，如果你把父母双方不同的繁殖材料结合在一起的话，后代一定会是父母特征的混合体。杰肯争辩说，如果是这种情况的话，每一代身上有利的变异就会被减弱，因而使选择无效。

您从没想过特征可以作为一些固定的单位被遗传的可能性吗？我们现今就是这么理解遗传的。我们鉴定这些细胞核染色体中的单位，它们控制着具体特征如何在胚胎中形成——我们把它们叫做“基因”，它们由父母遗传给后代，大致上保持不变，所以，特征本身是以单位来遗传的。

这似乎是一种相当奇怪的探讨这个问题的方式。我知道有些特征是这样遗传的——明亮的蓝眼睛就是个很好的例子，但并不常见。如果一个大高个的男人和一个小矮个的女人结了婚，难道你没有料到他们的孩子是中等个儿吗？然而，杰肯认为变异是作为单个个体出现的，无论如何他都错了，不过我得承认，我的一些早期作品也包含这种观点。就像华莱士所指出的那样，最好是要考虑跨越整个群体的变异范围。就人类来说，有一些很高的人和一些很矮的人，但大多数人都处于介乎于这两者之间的正态分布的范围内。如果选择在这种变异中发挥了作用——例如，如果长得更高成为一种优势，那么，超过平均身高的人就会受益，留下更多的后代，而较矮的个体就会不太成功。我确信，不管遗传法则结果是什么，选择的过程都能发挥作用。

我有个印象，很多人不顾一切地要找材料，把进化论推向预定的方向，除了受环境支配的“随意的”变异之外，他们什么都想要。

是的，像米瓦特这样的解剖学家极易认为发展必须受到制约，他们不想把进化看作是一棵随意分支的树木。他们认为，它应该被推向一个特定的方向，他们很愿意想象着进化的平行线都经过相同的进化阶段依次向前发展。每一条线都应该朝着同样的目标发展，这个目标是由最“成熟的”发展阶段所确定的，然而它们可能会在不同的时间独自达到这个目标。还有一种观点认为，这个过程是一系列互不相连的步骤，是通过“跳跃”达到进化的理论。甚

至连赫胥黎也经不住诱惑——他之所以支持我的理论，是因为他看出这个理论是一根可以用来抽打神学家的好棍子，但他从来不相信选择是进化的唯一原因。

但适应性又如何呢？

很少有博物学家像我一样认为它是至关重要的，而有一些人认为，所有适应性特征只是表面性的，不必考虑。甚至那些确实认为大部分特征都有一定适应性意义的人，似乎也偏爱拉马克关于它们是如何产生的解释，而不是我的自然选择理论，赫伯特·斯宾塞肯定也是如此，他是作为进化过程方面的哲学家而成名的。在我看来，他是个有点过了头的哲学家，总是从最初的原理作理论推断，而且忽视那些与他的推论不相符的事实。他欢迎自然选择理论，而且创造了“适者生存”这个术语，这成为对我的理论的恰当概括并流行开来。然而，他总是认为拉马克的过程更重要，他想象的是，动物为了适应新环境而改变习惯，结果是它们以新的方式锻炼身体，以荒废其他的结构为代价改善了某些结构。由于某种原因，长颈鹿伸长脖子去够树叶，是进化过程形象化的最常见的方式。拉马克和斯宾塞的观点是，如果这些个体习得的改变被后代继承，这个过程一代一代地累积起来，最终获得了长颈鹿的长脖子。我当然认为这种结果是有效的，但只是作为对自然选择的补充，而对于斯宾塞来说，正好相反。小说家塞缪尔·巴特勒也支持拉马克的理论，对我恶语相加，他指责我不承认拉马克和我的祖父伊拉兹马

斯·达尔文在我之前很久就已经提出了进化的观点，他还认为他们的解释比我的好，因为它不是那么唯物论的。

危险的观点

很多人不接受自然选择理论是因为它似乎颠覆了这个世界中的目的性因素，唤起了一个建立在机遇和死亡基础上的世界形象。大多数对立的理论都想要在自然界中保留某种目的性的作用——也许是一种神圣的目的。但是，进化的基本观点也威胁到其他人的假设，特别是它暗示人类也不过是进化良好的动物而已。选择理论把自私作为所有动物及人类行为方式的基础，这似乎损害了传统道德的根基。

我应该提醒您，目前的遗传模型不会给拉马克提供一席之地，但需要花很长时间来解释为什么。您提到米瓦特和巴特勒的对立原则使我们更接近了您的理论中比较有争议的地方，也许我们能从人类起源的问题开始。您的理论所暗示的流传很广的假设是，我们是从猿类进化而来的？

在《人类的由来》一书中，我用赫胥黎和其他人提供的证据证明，我们与非洲猿类有密切的亲缘关系，但是说我的理论暗示我们是直接来自它们的，这不免过于简单化了。请记住我以前在以分支进化过程为基础的理论中所表明的观点，一个现代的物种不可能是另一个物种的祖先。“有亲缘关系”的意思是，二者都来自共同的祖先。如果我们找到了猿类和人类共同祖先的化石，毫无疑问，我们会把这个物种分类为猿，但这会是广义上的猿，缺乏现代黑猩猩和大猩猩的特点，它们也沿着适应森林生活的不同路线进化。

然而，我们祖先那儿似乎发生了一些特别的事情。尽管您据理力争说，我们并不是像大多数人所想象的那样，与其他较高等的动物截然不同。

从一开始我就确认，我们要把我们所有的所谓截然不同的人类特征看作是进化过程的产物。我们有更高的智能，我们有语言，我们能够制作工具，而且

我们还有道德和社会价值观念。然而，这些只是较高等的动物已具备的潜力的扩展，它们还应通过正常的进化力量特别是通过自然选择，不断壮大。我做了一系列努力来表明，较高等的动物至少都会有一些智能和社会本能的基础，我们可以在我们自己身上看到它们发展得有多好。我特别记得我在《人类的由来》中讲述的动物园里一只猴子的故事，当饲养员受到一只凶猛的狒狒的攻击时，它冒着生命危险救了他，这无疑是动物利他本能的证据。

我们现在要仔细看看那些没经过培训的观察者讲的故事——他们太容易在动物行为中看到人类的能力和观念了。但无论如何，这些特征在人类进化的进程中大大加强了，您是怎么想的？

似乎很多人都这样想，不管怎么样，大脑越大，智能就越高，这是铁板钉钉的。但是，当你把进化想成是一个分支的过程，你就会知道提出一个不寻常的问题的必要性。如果获得智慧是如此的美妙，为什么猿类会“落在后面”了呢？对我来说，显而易见，我们需要考虑那些让我们的祖先与猿类祖先不同的适应性变化。我断定，关键的转折发生在我们的祖先从树林中走出来，并且适应了在非洲开阔的平原上直立行走的时候。这样，他们就能腾出手来把棍子和石头捡起来，作为工具使用，从而激发他们发展更高的智力水平。而猿类生活在树林中，更强地适应了限制它们动手能力的生活方式。

这是一个很敏感的问题，而且我们现在有化石来证

实最初的原始人（我们是这么称呼他们的）是直立行走的，但大脑却还是像猿一样。

这恰恰就是在我那个年代我根本无法使任何人相信的东西，他们都期望找到一个“缺失的环节”，即有更大的大脑，却依然在树上生活。

当然了，这种观点会削弱把人看作是进化目标的任何希望——这是要人们遵从这个理论的事情，毕竟，在几百万年前的非洲，只要环境有些许不同，我们就可能仍然是猿类。

没错，但无论如何，《人类的由来》还是引起了一场骚动，仍然有很多虔诚的教徒把人性的本质看作是以某种方式植入人体的不朽灵魂的产物，不管你关于进化是如何起作用的观点是什么，你必须放弃这一立场——当然，除非你想赋予动物以灵魂。我最初开始考虑这些问题是在十九世纪三十年代——我确定了意识是大脑运行的产物。如果我们有更大的大脑的话，我们就能获得更加高度发达的智力，而且，当然了，关于原罪的所有观点也就不在考虑之列了。这就是1860年在牛津的辩论中，牛津的主教抨击并呼吁反对我的理论时的论点之一——这是在我发表有关这个问题的详细看法之前很久的事了，想回应这个观点，确实没什么可说的。要把人类是由低等生物进化而来的这种立场，与我们是来自更高状态的这种古老的基督教观点调和在一起，那是非常困难的。

庆幸的是，一些自由派的神职人员愿意在这个问题上妥协。比如，查尔斯·金斯利，他对我的观点非

常热衷，甚至在他的《水孩子》一书中，以适合孩子们理解的语言谈论过这些观点。你肯定看过他对发生在欧文与赫胥黎之间的有关我们与猿类的关系密切的辩论的幽默描述，但他也很清楚把生物视为一个过程，而不是一系列个体奇迹的产物的重要性。有一个段落非常给力，它描述了汤姆——那个水孩子，在与自然的化身——“凯丽妈妈”交谈，汤姆惊讶地发现，“凯丽妈妈”是靠静坐而不是到处奔走来创造万物的，她告诉汤姆没必要那样，因为她“让他们自己来制作自己”。当然，纯粹的拉马克主义遵循的是斯宾塞所宣扬的路线，但金斯利认为，把造物主看作是通过自然，而不总是通过干预来做功会更好。从细节上来讲，问题就是我的理论使人不太容易看到自然界中神圣的目的性。

失落的信仰

达尔文清楚地意识到，他的进化论观点使人们很难相信：世界是由一位高明而仁慈的上帝创造的。他相信，虽然自然界看起来似乎是设计出来的，实际上，它的相对完美是尝试与错误的产物，而且结构对于功能的适应性并非仁慈的上帝在设计时的兴趣所在。进化的推动力是竞争，以及那些具有轻微有害特征的个体死亡，并非一系列有目的的引导因素。由于这个原因，自然界不仅展示出幸福与和谐，也展示了同样程度的残酷与自私。然而，在达尔文本人失落的信仰中，还涉及更多其他的个人因素。

您显然非常仔细地考虑过您的宗教观点，我可以问一下，您是否对您的观点所产生的影响感到不安呢？您真的还有年轻时的什么信仰吗？

这个问题对我来说很别扭，部分原因是我的爱妻艾玛一直对基督教保持着虔诚的信仰，我当然也是从那种立场开始的。我先前跟你解释过，在我生活的那个年代，要想进剑桥大学，你得是英国教会的虔诚的一员。直到后来我才开始认识到，这个世界并不是自然神学倡导者所宣称的那样，是设计精美、秩序井然的地方。

您提到过，您是从信仰仁慈的上帝创造世界的观点开始的，能谈谈您是怎样失去这个信仰的吗？

我很清楚，很多动物和植物从结构上看就像熟练的工程师所设计的发明一样。我后来对花卉结构——比如兰花——所作的很多研究，就是要展示这样的结构是多么精细。当然，它们看起来就像是设计出来的，而且我觉得我还偶尔发现很容易陷入这样的思路。然而，自然选择表明，不能总是从表面上去接受设计的证据：只是因为有些看起来是设计出来的东西，其实并不意味着它就是设计出来的。

为什么呢？

哦，一旦你认识到自然界所发生的尝试与错误的过程，你就可以看到自然选择的整个要点在于，它

不停地在择选极少数有用的变异，并剔除其他没用的。当然，这意味着随着时间的推移，结构会变得更加实际有效，直到它们达到完美的程度。请记住，大多数结构的适应性只与一种特定的环境有关系——如果环境发生改变，一些其他的特征可能变得更为有利，选择就会朝着新的方向开始。有时候这也许是不可能的，如果物种变得非常适应一种特定的生活方式的时候，它可能会陷入没有退路的死胡同。例如，如果长颈鹿赖以生存的树木消失了，试想会发生什么情况——长颈鹿很难退回去适应进化程度较低的觅食形式，它们或许会灭绝。还有寄生生活的例子，在这种情况下失去不再需要的复杂结构是积极有利的。

那么真正复杂的结构，比如人的眼睛，会怎么样呢？您真的认为这种完美是通过一系列偶然的情况逐渐建立起来的吗？

这个嘛，我以前常常受到眼睛问题的困扰，现在偶尔还会这样。但就这样一个有用的器官而言，任何改善在大多数环境中可能都是有益的。如果你能了解动物眼睛整个发展过程中间各个阶段的复杂性，从最简单的那种形式——只是一点光敏组织，直到我们自己现在的眼睛，还不能完全搞清楚为什么不能通过一个平稳的改善过程的中间阶段，达到最终的程度。

值得记住的是，对于那些自然神学家的所有断言来说，很多结构，包括人类的眼睛，如果它们真的是由智能超群的造物主设计出来的话，可能不像你所

期望的那样完美地与它们的目的相适应。我们都是历史的产物，这是一个漫长而并不完美的过程。关于这一点，可以问问医生或是像我自己这样一生都有慢性病的人。

然而，不仅仅是因为消除了神创论的有利证据才削弱了您的信仰吧？

是的，虽然那肯定是事情的一方面，坦率地讲，直至现在，我还偶尔想知道是否可能把进化论与造物主的想象融合在一起，造物主起初使宇宙运转起来的时候，希望其中最终会出现一些有价值的东西。然而，那个造物主肯定不会对每个生物个体都有兴趣，就此而言，这个世界上有着太多的死亡与痛苦，其中一些就是刻意“设计”的结果。想想进化为通过折磨宿主而获得生计的寄生物，再想想马尔萨斯的人口原则：不可避免的是大多数生物个体年纪轻轻就死去了，只是因为每一代出生的太多乃至食物供养不足所致。无论你怎么看，自然界对具体的生物个体原来是冷酷无情的——所有看似重要的问题就是在“生存竞争”中获得暂时的优势。顺便说一句，这个词语不是我造出来的，它出自马尔萨斯。不管竞争是否在适者生存及繁殖中起到了积极的作用，这个基本原则是有效的，就像我曾对胡克所说的那样，仅仅通过描述我们在周围的田野上和篱笆墙边所看到的残酷情景，就可以为恶魔的牧师写一本好书，那就是关于物种是如何在所谓的“自然平衡”中相互作用的所有故事。在《起源》中，我使用“杂乱的河岸”的景象来描绘物种间所有的

相互作用，它们肯定是缠绕交织在一起的，可能看起来都很和谐，其实是一幕不断竞争的场景。

您刚才提到您自己的病——没有更多的个人因素削弱了您的信仰吗？

对我来说这是很痛苦的事，但是，有，个人的不幸使我很难继续信仰慈爱的上帝了。我最喜爱的女儿安妮在十岁的时候可怕地去世了，那是1851年，我觉得我再也无法康复了，慈爱的上帝怎么能设计出一个让无辜的人患病并以那种方式将其扼杀的世界呢？另一个让我失去信仰的个人的不幸经历是，我最终认识到，对于那些坚定的基督徒而言，我的父亲、兄弟以及很多我认识的最好的人，受到了诅咒，因为他们不接受耶稣基督是救世主的信念。就是因为他们自己思考，而且判断这个证据并不支持基督教关于上帝的观点，他们受到了诅咒——即使他们为了过上体面的好日子而付出了自己最大的努力。我不能信仰一位硬性要求信仰一个历史事件的重要性的上帝。

有一种说法，说您临终时重新入了基督教。

胡说八道，我是作为一位不可知论者（用赫胥黎的话来说）去世的，在这之前的二十年中我一直是这样的。我去世的时候，好几个家人围着我，如果你去核对他们的回忆录，我肯定你不会找到支持这个说法的任何东西。

社会达尔文主义

不难想象，在一个由自然选择创造的世界里，只有“不惜任何代价获得成功”的本能才是进化的保证。因此，对许多人而言，达尔文的理论似乎意味着基督教所传授的旧的道德观念应该被摈弃。事实上，工业革命中兴盛起来的自由资本主义的新型文化，意味着西方人已经习惯了最好要独立自主的观点。所以，这些“新的”道德观念可能不会完全不同于古老的新教职业伦理，达尔文主义也为揭示人种之间的关系注入了新的亮点。

如果您不接受基督教的价值体系，那么，您的道德准则以什么为基础呢？据称，您的理论通过证明“强者为王”这一方针削弱了传统的道德，现在他们把它称作“社会达尔文主义”，并把您去世以来所发生的可怕事情都归罪于它。

我自己的道德准则是英国绅士的道德准则，而且我觉得我坚持得很好。我当然注意到，我那个年代的一些人说过类似于你提到的话，有一篇报刊文章辩称，我的理论是在为拿破仑和所有的奸商辩护。哲学家赫伯特·斯宾塞似乎也认为，自然界的竞争状态使之有必要出现一个具有竞争性的社会——对于人类的自我改良来说，这是唯一的途径，我假定这就是你所说的“社会达尔文主义”之类的东西。

这肯定是一种版本，就像我们所提到的，斯宾塞的确创造了“适者生存”这个说法，您也接受它作为对自然选择的有效描述。

是真的，但斯宾塞和我两个人都意识到了有关解读人类道德进化的一个重点。我们人类是社会性动物，而且我们必须与我们社会群体中的其他成员协作，可能我们想要提高我们在群体中的地位，但我们不能以残酷无情的方式来实现，因为假如我们这样做了，这个群体只会分崩离析。我们的祖先几乎肯定是群居的，就像现代的大多数

猿类一样。

所以是对协作的这种需求赋予了我们道德感吗？

是的，在这些群体环境中，自然选择将社会本能赋予个体来修正自私的行为。像斯宾塞先生一样，我也相信，这些协作本能是我们道德观念的基础。实际上，因为我们已经具备了这样做的本能，所以我们能面对同伴举止得体——而我们的哲学家和宗教领袖则认为这些本能是理所当然的，宣称这是由上帝移植到我们的意识中，而且要求我们遵从它们。

事实上，自然选择又是如何建立起这些协作本能的呢？

我认为，动物一旦开始在社会群体中生活，自然选择即以一个新的高度来运作。当然了，它仍然挑选最优秀的个体，但也会挑选最成功的群体，这意味着那些个体协作最有效的群体将击败那些组织较涣散的群体。所以，协作本能实际上是通过在群体间而不是个体间运作的自然选择得以加强的。

这个观点很有争议。但无论如何，它仍然使竞争成为驱动力。您的批评者甚至关注到恃强凌弱的观念已被应用于国家和种族，实际上，是在为战争和种族灭绝辩护。

我希望你对你所抱怨的这种社会达尔文主义拿定主意，我的名字似乎与模模糊糊地取决于竞争的任何事情都联系在一起了。首先，你把我的理论与斯宾塞的哲学挂起钩来，他把自由企业和个体竞争赞颂为进化驱动力，他反对国家为追求最高目标应该建

立强大军力的观点，现在似乎你也在指责我鼓动国家拿起武器、互相对抗，以证明哪一个种族是最强大的——这与市场竞争毫无关系。高度重视军事力量的国家通常牢牢掌控着不鼓励个人积极性的社会团体——刚好与自由经济相反，国家层次的竞争似乎压制了公民个体间竞争的自由。我的理论怎么能成为产生这种不相容政策的原因呢？人们只是接受了竞争的基本理念，并以任何适合自己的方式来理解和应用。

达尔文先生，请您谅解，我不是在指责您什么，我只是转述别人对您的指责。我同意“社会达尔文主义”这个词语使用得太广泛了，他们甚至声称您的理论使人们产生了黑色人种比白种人低级的信念。

过去我常常想，所有的人种都是可以改良的。在小猎犬号航行的时候，我表达了对奴隶制的强烈憎恨，而且一直要下决心证实所有的人种都来自共同的祖先，当然这不是奴隶主所相信的。

他们辩称黑种人的祖先是亚当和夏娃分开单独创造出来的，从而使他们成为不同的物种。路易斯·阿加西斯，我的理论的主要美国反对者之一，就为这种立场而争辩。

后来，对于所有种族都能够把自己提高到同样的文明程度的观点，我越来越怀疑。他们都是从一个共同的原始祖先分支出来的，然而，与其他的种族相比，一些现代的种族进化得离祖先的类型更远。

在哪些方面？

这个嘛，我不能肯定他们具有与我们同样的智能，不过我意识到，当他们一直受到严重虐待的时候，对此作出判断是何等的困难。我那个时代的大多数人类学家渐渐接受了各种族的智能之间是有差异的，我也在《人类的由来》一书中引用了他们关于大脑的相关尺寸的测量。

那些数字现在被广泛视为偏见和成见的产物而被拒绝接受，从根本上看，人种表现出惊人的一致——人种间身体上的差异是相当表象的，这就是现如今被大多数达尔文主义者接受的观点。

我当然更愿意认为我的理论被以那种方式使用，而不是作为蓄意剥削其他种族的一种支持手段。但当意识到我的名字还在以这种方式遭人非议，这令人非常困惑，我还不能确定我是否明白谁站在我一边，谁在反对我。

观念的冲突

由于遗传学的发展，现代达尔文主义对于进化理论的诠释是以自然选择机制为基础的。然而，达尔文自己只是意识到，“达尔文主义”这个词语被用于较普遍意义上的“进化论”。现代神创论者反对自然选择和进化论的一般理论，实际上是退回到了达尔文年轻时曾很普遍的一种立场上。鉴于他早期作为地质学家的经历，他会惊讶地发现，有一种认为地球只存在了几千年的信念复兴起来了。

至少就进化论的一般重要性而言，所有在相应的科学领域工作的生物学家现在都站在了您的一边，自然选择理论仍被视为我们解释大多数地区的进化情况的重要理论。因此，生物学家仍把自己称为“达尔文主义者”。

所以我的方法最终得到平反——哦，得知这个消息，我感到很高兴。在我后来的几年中，我感觉我们已经为进化论奠定了坚实的基础，然而，对于自然选择的支持事实上似乎在减少，而不是增加。人们自称为达尔文主义者，但他们真正的涵义是他们接受进化论的基本观点。但从你刚才所说的，我得出这样的印象，就是仍有很多普通人反对这个理论。

我们叫作原教旨主义的信仰的确有上升之势，这加剧了对进化论和选择理论普遍的不利反应，就是这些人指责您加速了道德观念的崩溃。

我想假如你让船剧烈晃动的话，你就得接受人们的恐慌。我确定，我在鼓励他们重新思考一些最基本的前提，比如，有关我们如何融入自然界、这个世界如何运转，等等。在没有传统宗教慰藉的情况下，人们试图通过各种方式弄明白，如何在这个世界上生活，对此我必须承担一些责任。然而，首先我是一名博物学家，我总是感到，我们应该研究我们生活的这个世界，并尽最大努力来解释它。如果

这个世界原来比人们所期望的更复杂、没那么舒适的话，他们会发现很难承受这种后果，我帮不了这个忙。想到他们只因为不能承受面对自己思考的后果而可能退回到旧的幻想之中，我就感到极为不安。我们最好接受现实世界的本质，并尽最大努力与它相处。

拓展阅读

《小猎犬号航海记》(*The Voyage of the Beagle*)

达尔文关于小猎犬号航行的记叙，原名为《小猎犬号到访诸国之自然史与地质学研究日志》(*Journal of Researches into the Natural History and Geology of the Various Countries Visited by HMS Beagle*)，可获取众多的现代版本。

《物种起源》(*The Orgin of the Species*)

这个文本被广泛使用——大多数再版版本为经过较大修订的1872

年版的第六版，纯粹主义者可能偏爱第一版的摹本版（麻省剑桥：哈佛大学出版社，1959年）。请注意：在以后的版本中，题目中的“on（论）”被删除。

《人类的由来》(*The Descent of Man*)

较少再版，然而，有一个詹姆斯·R. 穆尔与阿德里安·德斯蒙德推出的新版本（伦敦：企鹅经典丛书，2004年）。

自　传 (*Autobiography*)

达尔文的自传，于达尔文去世后出版，不包括他关于敏感问题的见解，后全文再版，编辑为诺拉·巴洛（伦敦：科林斯出版社，1985年）。

信　件

剑桥大学出版社出版了系列多卷本达尔文的信件，最初由弗雷德里克·布克哈特任编辑。可通过 www.darwin-online.org.uk 获取达尔文的著作和很多幸存下来的手稿（包括他的研究笔记本）。

其他有关达尔文研究的作者

有很多关于达尔文及其影响的研究，其中一些作者并不喜欢他的理论，例如格特鲁德·希默尔法布所著的《达尔文和达尔文式的革命》（*Darwin and the Darwinism Revolution*），纽约 W. W. 诺顿出版社，1959年。

最有价值的现代传记共两卷：珍妮特·布朗所著的《查尔斯·达尔文：远航》（*Charles Darwin: Voyaging*，伦敦乔纳森海角出版社，1995年）和《查尔斯·达尔文：环境的力量》（*Charles Darwin: the Power of Place*，伦敦乔纳森海角出版社，2002年）另外，阿德里安·德斯蒙德与詹姆斯·R. 穆尔所著的《达尔文》（*Darwin*，伦敦迈克尔约瑟夫出版社，1991年）是一部很有价值的传记，侧重于其研究工作的政治影响。

需要一般性介绍，可尝试阅读比德·J. 鲍勒所著的《查尔斯·达尔文：其人及其影响》（*Charles Darwin: the Man and His Influence*，牛津布莱克威尔出版社，1990年；1996年由剑桥大学出版社再版），或，一般而言，同一作者所著的《进化思想史》（*Evolution:*

the History of an Idea, 修订版，加州伯克利：加州大学出版社，2003年）。

大卫·科恩（编辑）所著的《达尔文的遗产》（*Darwinian Heritage* 普林斯顿大学出版社，1985年）汇集了有关达尔文学术研究的详细篇章。

达温村唐宅（Down House）

达温村唐宅及花园（达尔文的后半生在此度过）对公众开放，它们位于肯特郡达温村，距伦敦市中心西南约十五英里。

索引

图书在版编目(CIP)数据

达尔文说/(英)鲍勒著;张波译. —北京:商务印书馆,2013
(心灵访谈)
ISBN 978-7-100-09652-2

Ⅰ.①达… Ⅱ.①鲍… ②张… Ⅲ.①达尔文,C.(1809~1882)—生平事迹—通俗读物 Ⅳ.①K835.616.15-49

中国版本图书馆CIP数据核字(2013)第274190号

心 灵 访 谈

达尔文说

〔英〕鲍 勒 著
张 波 译

商 务 印 书 馆 出 版
(北京王府井大街36号 邮政编码 100710)
商 务 印 书 馆 发 行
北京瑞古冠中印刷厂印刷
ISBN 978-7-100-09652-2

2013年3月第1版　　开本 787×1092 1/32
2013年3月北京第1次印刷　　印张 5¼
定价: 26.00元